हाथी का बच्चा

बहुत पहले की बात है, जब **हाथी** के सूंड नहीं होती थी। बस जूते भर की एक काली मोटी-सी नाक होती थी। इसे वह एक तरफ से दूसरी तरफ हिला-डुला तो सकता था, लेकिन उससे वह कोई चीज़ उठा नहीं सकता था।

एक **हाथी का बच्चा था**। उसके अंदर बहुत अधिक जिज्ञासा थी। अपने इस स्वभाव के चलते, वह हर वक्त सवाल पूछता रहता था। वह अफ्रीका में रहता था। वहाँ के बारे में उसकी जिज्ञासा कभी खत्म ही नहीं होती थी। उसने अपनी लंबी **शुतुरमुर्ग चाची** से पूछा कि उसकी दुम के पंख इस तरह क्यों उगे हैं। **शुतुरमुर्ग चाची** ने अपने सख्त पंजे से उसको एक थप्पड़ जड़ दिया।

उसने अपने लंबू चाचा जिराफ से पूछा कि उसकी चमड़ी पर ये धब्बे कैसे पड़ गये। जिराफ ने अपने सख्त खुर से उसको थप्पड़ लगा दिया।

फिर भी उसकी जिज्ञासा कम नहीं हुई। उसने मोटल्ली चाची **दरियाई घोड़ी** से पूछा कि उसकी आँखें लाल क्यों हैं। **दरियाई घोड़ी** ने अपने चौड़े-चौड़े खुर से उसको थप्पड़ मार दिया। उसने अपने बालों वाले **चाचा बबून** से पूछा कि खरबूजे का स्वाद ऐसा ही क्यों होता है। **चाचा बबून** ने भी अपने बालों वाले झबरीले पंजे से उसे थप्पड़ मार दिया। तब भी उसकी जिज्ञासा गयी नहीं। वह हर उस चीज़ के बारे में प्रश्न पूछता, जिसे वह देखता, सुनता, सूँघता या छूता। उसके सब चाचा और चाचियाँ उसकी पिटाई करते रहते। तब भी उसकी जिज्ञासा में कोई कमी नहीं आती।

एक सुहानी सुबह इस जिज्ञासु बच्चे ने एक नया प्रश्न पूछा। उसने पूछा, **"मगरमच्छ शाम के खाने में क्या खाता है?"** सब लोगों ने गुस्से में जोर से कहा, “हूँहऽऽ" और उसे पीटना शुरू कर दिया। वे सब बिना रुके देर तक उसे पीटते रहे। किसी तरह जब उसकी पिटाई बंद हुई तब वह उस **कोलो चिड़िया** के पास आया, जो कँटीली झाड़ियों के बीच बैठी थी। उसने कहा, “मेरे पिता ने मुझे मारा, मेरी माँ ने मुझे मारा, मेरे सब चाचाओं और चाचियों ने मेरी जिज्ञासा के लिए मुझे मारा, पर अब भी मैं यह जानना चाहता हूँ कि **"मगरमच्छ शाम के खाने में क्या खाता है?"**

कोलो चिड़िया ने कहा- "तुम खूब हरी-नीली लंबी लिम्पोपो नदी के तट पर जाओ, वहाँ हर ओर सिनकोना के पेड़ लगे हैं, खुद ही पता लगाओ।"

अगले ही दिन सुबह इस जिज्ञासु बच्चे ने 50 किलो छोटे केले, 50 किलो गन्ने और 17 हरे खरबूजे लिए और अपने परिवार वालों से विदा लेते हुए कहा, "गुड बाय! मैं नीली-हरी लंबी लिम्पोपो नदी के किनारे, जहाँ सिनकोना के पेड़ हैं, पता लगाने जा रहा हूँ कि **मगरमच्छ शाम के खाने में क्या खाता है।**" उन्होंने उसे एक बार और मारा।

फिर वह चल पड़ा, थोड़े जोश में, लेकिन निश्चिंत- मस्ती में खरबूजे खाता और छिलके इधर-उधर फेंकता हुआ, क्योंकि वह उन्हें उठा नहीं सकता था।

वह ग्राहमस्टाउन से किम्बरले पहुँचा। किम्बरले से खामा कंट्री। फिर खामा कंट्री से उत्तर की ओर होता हुआ पूर्व में चलता गया, सारे वक्त खरबूजे खाता हुआ। आखिर में वह खूब हरी-नीली लंबी लिम्पोपो नदी के किनारे पहुँच गया। जैसाकि **कोलो चिड़िया** ने उससे कहा था, बिल्कुल वैसे ही, उसके आस-पास सिनकोना के पेड़ थे।

तुम्हें भी अब यह जान लेना चाहिए कि उस हफ्ते, उस दिन, उस घंटे और उस मिनट तक **हाथी** के इस बच्चे ने मगरमच्छ को कभी नहीं देखा था और न ही उसे पता था कि मगरमच्छ कैसा होता है। यह सब उसकी जिज्ञासा ही थी।

पहली चीज़ जो उसे मिली वह एक **दोरंगा पाइथन** था। वह एक चट्टान के चारों ओर कुंडली मारकर बैठा था।

"माफ कीजिए," **हाथी** के बच्चे ने विनम्रता के साथ कहा, "क्या आपने **मगरमच्छ** जैसी कोई चीज़ यहाँ आस-पास कहीं देखी है?"

"क्याऽऽ मैंने **मगरमच्छ** देखा है!!" **दोरंगे पाइथन** ने बड़ी नफरत से कहा, "अब तुम मुझसे आगे और क्या पूछोगे?"

"माफ कीजिए," **हाथी** के बच्चे ने कहा, "क्या आप कृपा करके मुझे यह बता सकते हैं कि **मगरमच्छ** शाम के खाने में क्या खाता है?"

तब उस **साँप** ने जल्दी से खुद को उस चट्टान से खोला और अपनी छिलकों वाली मूसल जैसी पूँछ से उसे थप्पड़ मारा।

"बड़ी अजीब बात है !" **हाथी** के बच्चे ने कहा, "मेरे माता-पिता, मेरे चाचा-चाची, मेरे दूसरे **चाचा बबून** और चाची **दरियाई घोड़ी** ने भी मुझे मेरी जिज्ञासा के लिए मारा। मुझे लगता है कि यहाँ भी वही बात है।"

इसलिए उसने बहुत शराफत के साथ **साँप** से विदा ली और चल पड़ा, थोड़े जोश में लेकिन बिल्कुल निश्चिंत- उसी प्रकार खरबूजे खाता और उसके छिलके इधर-उधर फेंकता हुआ, क्योंकि वह उन्हें उठा नहीं सकता था।

वह चलता गया, चलता गया, जब तक कि वह एक लकड़ी के लट्ठे तक पहुँच नहीं गया। खूब हरी-नीली लंबी लिम्पोपो नदी के किनारे, जहाँ हर तरफ़ सिनकोना के पेड़ थे। प्यारे बच्चो! वास्तव में वहाँ एक मगरमच्छ था। मगरमच्छ ने एक आँख मारी।

"माफ कीजिए," **हाथी** के बच्चे ने बहुत ही विनम्रता से कहा, "क्या आपने यहाँ आस-पास के इलाके में किसी मगरमच्छ को देखा है?"

तब मगरमच्छ ने अपनी दूसरी आँख मारी और कीचड़ में से अपनी आधी पूँछ ऊपर उठाई। **हाथी** का बच्चा बड़ी शिष्टता के साथ पीछे कूद गया, क्योंकि वह फिर से और मार नहीं खाना चाहता था।

"छोटे बच्चे यहाँ आओ," मगरमच्छ ने कहा, "तुम ऐसी बात क्यों पूछ रहे हो?"

"माफ कीजिए," **हाथी** के बच्चे ने कहा, "मेरे पिता ने मुझे मारा, मेरी माँ ने भी मारा। मेरी लंबी **चाची शुतुरमुर्ग**, लंबू **चाचा जिराफ**, मोटल्ली चाची **दरियाई घोड़ी** और बालों वाले **चाचा बबून ने** भी मारा। और दोरंगे पाइथन ने तो अपनी छिलकेदार मूसल जैसी पूँछ से सबसे जोर से मारा। इसलिए अगर आप भी यही करने वाले हैं तो मैं और मार खाना नहीं चाहता।"

" यहाँ आओ छोटे बच्चे," मगरमच्छ ने कहा, "क्योंकि मैं मगरमच्छ ही हूँ।" और यह दिखाने के लिए कि सच बोल रहा है, वह मगरमच्छी आँसू बहाने लगा।

यह सुनकर **हाथी** के बच्चे की तो मानो साँस ही रुक गयी। वह हाँफने लगा और अपने घुटनों पर झुककर बोला, "आप ही वह जंतु हैं जिसे मैं इतने दिनों से ढूँढ रहा था। कृपया क्या मुझे बताएंगे कि आप शाम के खाने में क्या खाते हैं?"

"यहाँ आओ छोटे बच्चे "मगरमच्छ ने कहा, "मैं तुम्हें चुपके से बताऊँगा।"

यह सुनकर **हाथी** का बच्चा अपना सिर मगरमच्छ के आरीनुमा दांतों वाले मुँह के पास ले आया। मगरमच्छ ने उसकी छोटी-सी नाक पकड़ ली जो उस हफ्ते, उस दिन, उस घंटे और उस मिनट तक एक जूते से ज्यादा बड़ी नहीं थी, हालाँकि जूते से ज्यादा काम की थी।

प्यारे बच्चो! इस पर **हाथी** का बच्चा चिढ़ गया। उसने अपनी नाक में से कहा, "मुझे जाने दो, तुम मुझे चोट पहुँचा रहे हो।"

तभी वह दोरंगा पाइथन नदी के किनारे से तेज़ी से नीचे आता हुआ बोला, "मेरे छोटे दोस्त, तुम फौरन, अभी इसी पल, जितना जोर लगाकर खींच सकते हो, खींचो। तुम नहीं खींचोगे तो यह मगरमच्छ, तुम्हें खींच लेगा।"

दोरंगा पाइथन हमेशा इसी तरह बात करता था ।

तब **हाथी** का बच्चा अपने छोटे-छोटे पुट्ठों पर बैठ गया और लगा खींचने। वह खींचता गया, खींचता गया और खींचता गया। उसकी नाक फैलने लगी। मगरमच्छ पानी में तड़फड़ाने लगा और अपनी पूँछ को पानी में जोर-जोर से फड़कने लगा जिससे पानी में झाग ही झाग हो गया। वह खींचता गया, खींचता गया। खींचता गया। और **हाथी** के बच्चे की नाक किसी रबड़ की तरह खिंचती गयी। मगरमच्छ अपनी पूँछ पतवार की तरह मार रहा था। वह अभी भी **हाथी** के बच्चे की नाक खींच रहा था। **हाथी** के बच्चे को अब दर्द होने लगा।

उसी वक्त **हाथी** के बच्चे को लगा कि उसके पैर फिसल रहे हैं और उसने अपनी उस नाक में से कहा, जो अब तक लगभग पाँच फुट लंबी हो गई थी, "इसे कटना ही होगा।"

तब **दोरंगा पाइथन** किनारे से नीचे आया और **हाथी** के बच्चे के पिछले पैरों पर लिपटकर अपने शरीर में दोहरी गांठ लगा दी। उसने कहा, "मेरे अनाड़ी दोस्त, अब हम लोग ज़रा गंभीरता से खुद को खींचेंगे। मेरा ख्याल है कि अगर हम ऐसा नहीं करेंगे तो मगरमच्छ के साथ हम भी नदी में चले जाएंगे। साँप ने खींचा और साथ ही **हाथी** के बच्चे ने भी खींचा, और मगरमच्छ ने भी खींचा। लेकिन **हाथी** के बच्चे और **मगरमच्छ** ने ज्यादा जोर से खींचा और आखिरकार मगरमच्छ ने नाक को छपाक से छोड़ दिया।

हाथी का बच्चा धम्म से बैठ गया। इस बीच उसने **दोरंगे पाइथन** को धन्यवाद देने का ध्यान रखा और फिर उसने अपनी बेचारी खिंची हुई नाक की भी परवाह की। उसने उसे ठंडे केले के पत्ते में लपेटकर नदी में लटका दिया ।

"तुम ऐसा क्यों कर रहे हो?" **दोरंगे पाइथन** ने पूछा ।

"माफ करना, मेरी नाक की शक्ल बुरी तरह बिगड़ गयी है। मैं इसके सिकुड़ने का इंतजार कर रहा हूँ।"

"तब तो तुम्हें बहुत लंबे समय तक इंतजार करना होगा," **दोरंगे पाइथन** ने कहा, "कुछ लोगों को मालूम नहीं होता कि उनके लिए क्या अच्छा है।"

हाथी का बच्चा तीन दिन तक वहाँ अपनी नाक के सिकुड़ने के इंतजार में बैठा रहा। लेकिन नाक ज़रा-सी भी छोटी नहीं हुई, आप समझ सकते हो कि **हाथी** के बच्चे की नाक असली सूंड जैसी बन गई थी। ठीक वैसी जैसी कि आज सभी हाथियों की होती है।

जब तीसरा दिन खत्म हो रहा था तब एक मक्खी उड़ती हुई आयी। उसने **हाथी** के बच्चे के कंधे पर डंक मारा। यह सोचने से पहले कि वह क्या कर रहा है, उसने अपनी सूंड उठाई और उसके सिरे से मक्खी को मार दिया।

“फायदा नंबर एक," दोरंगे पाइथन ने कहा, “तुम ऐसा अपनी पुरानी नाक से नहीं कर पाते। अब थोड़ा-सा कुछ खाने की कोशिश करो।"

इससे पहले कि वह सोचता कि क्या करेगा, **हाथी** के बच्चे ने अपनी सूंड फैलाई और घास का एक बड़ा-सा गुच्छा उखाड़ लिया। अपने आगे के पैरों से उसने उसकी मिट्टी झाड़ी और उसे अपने मुँह में ठूंस लिया।

"फायदा नंबर दो” दोरंगे पाइथन ने कहा, "ऐसा तुम अपनी छोटी नाक से नहीं कर सकते थे। क्या तुम्हें नहीं लग रहा कि यहाँ धूप बहुत तेज है? "

"हाँ तो," **हाथी** के बच्चे ने कहा, और यह सोचने से पहले कि वह क्या कर रहा है, उसने नदी के किनारे से खूब सारी गीली मिट्टी उठाकर अपने सिर पर मिट्टी की ठंडी टोपी बना ली ।

"फायदा नंबर तीन," दोरंगे पाइथन ने कहा , "ऐसा तुम छोटी-सी नाक से नहीं कर सकते थे। अब तुम फिर से थप्पड़ खाने के बारे में क्या सोचते हो?"

"माफ करना," **हाथी** के बच्चे ने कहा, "लेकिन मुझे यह ज़रा भी अच्छी नहीं लग रही है।"

"तुम्हें किसी को मारना कैसा लगेगा," **दोरंगे पाइथन** ने पूछा।

"सच कहूँ तो मुझे यह बहुत मज़ा आएगा," **हाथी** के बच्चे ने कहा।

"ठीक है, तुम देखोगे कि तुम्हारी यह नयी नाक लोगों को मारने में बहुत काम आएगी।"

"धन्यवाद!" **हाथी** के बच्चे ने कहा, "मैं इसे याद रखूंगा और अब मैं अपने परिवार के पास जाऊंगा और इसे आजमाऊँगा।"

इसलिए अब **हाथी** का बच्चा अपनी नाक को घुमाता-उछालता हुआ अपने घर की ओर चल दिया। जब वह फल खाना चाहता, पेड़ से फल नीचे खींच लेता। अब उसे पहले की तरह फल गिरने का इंतजार नहीं करना पड़ता। जब वह घास खाना चाहता तो पहले की तरह घुटनों पर बैठकर नहीं खाता, बल्कि घास को जमीन से ही उखाड़ लेता। जब उसे मक्खियाँ सतातीं तब वह किसी पेड़ से एक टहनी तोड़कर उससे मक्खियाँ उड़ाता। जब धूप तेज होती तब अपने लिए नई ठंडी मिट्टी और कीचड़ की टोपी बना लेता। जब चलते-चलते उसे अकेलापन लगने लगता तब वह अपने लिए ही गाने लगता- अपनी नाक से नीचे तक, और उसकी आवाज़ कई ब्रासबैंडों के शोर से भी ज्यादा जोर की होती।

वह अपने रास्ते से अलग हटकर, मोटी **दरियाई घोड़ी** को ढूँढने गया। वह उसकी कोई रिश्तेदार नहीं थी। उसने उसे बड़ी जोर से अपनी सूंड से थप्पड़ मारा। वह जाँच लेना चाहता था कि उसकी नाक के बारे में

दोरंगे पाइथन ने जो कहा था वह सच है या नहीं बाकी के रास्ते वह उन छिलकों को उठाता गया जो उसने जाते हुए फेंके थे, क्योंकि वह एक साफ-सुथरा तरतीब पसंद **हाथी** था।

और एक दिन शाम को अंधेरा होने पर वह अपने परिवारजनों के पास पहुँच गया। उसने अपनी सूंड को ऊपर लपेट रखा था। उसने कहा, "आप लोग कैसे हैं।" वे सब उसे देखकर बहुत प्रसन्न हुए और फौरन कहा, "यहाँ आओ और अपनी जिज्ञासा के लिए मार खाओ।"

"ओफ्फोह !" **हाथी** के बच्चे ने कहा, "मेरे ख्याल से आप लोग थप्पड़ मारने के बारे में कुछ नहीं जानते। मैं जानता हूँ और मैं आप लोगों को दिखाऊंगा।"

सूंड खोलकर उसने अपने दो भाइयों को ऐसा झापड़ मारा कि दोनों कलाबाजी खा गए!

उन्होंने कहा, "तुमने यह दांव कहाँ सीखा? तुमने अपनी नाक का यह क्या कर लिया है?"

"यह बड़ी भद्दी लग रही है," बालों वाले उसके **चाचा बबून** ने कहा।

"सो तो है, लेकिन है यह बड़े काम की चीज़," **हाथी** के बच्चे ने कहा। इसके बाद उसने अपने चाचा का एक पैर पकड़कर उठा लिया और उसे ऊपर ततैये के छत्ते में फेंक दिया।

उसके बाद **हाथी** के उस गंदे बच्चे ने अपने सब परिवार वालों को मारना शुरू किया और उन्हें देर तक मारता रहा। उसने अपनी लंबी चाची शुतरमुर्ग की पूँछ में से पंख खींचकर निकाल लिए। अपने लंबू चाचा **जिराफ** का पीछे का पैर पकड़कर उसे कांटोंवाली झाड़ी में घसीटा। वह मोटल्ली चाची **दरियाई घोड़ी** जब

पानी में सो रही थी तब उसने चिल्लाकर उसके कानों में बुलबुले छोड़े। लेकिन उसने किसी को भी कोलो चिड़िया को हाथ नहीं लगाने दिया।

आखिर में सब कुछ उत्तेजक हो गया, इतना कि उसके परिवार के सब लोग एक-एक करके उस मगरमच्छ से नई नाक लगाने के लिए खूब हरी-नीली नदी लिम्पोपो नदी, जिसके आस-पास सिनकोना के पेड़ हैं, की तरफ़ चल पड़े।

जब वे वापस आए उस दिन से किसी ने किसी को नहीं मारा। वे सब **हाथी** जिन्हें तुम कभी देखोगे और साथ ही वे सब **हाथी** भी जिन्हें तुम कभी नहीं देखोगे, उनके बिल्कुल वैसी ही सूंड होगी जैसी उस अति जिज्ञासु **हाथी** के बच्चे की थी।

अनबाउंड स्क्रिप्ट का उपक्रम

हाथी का बच्चा

प्रथम संस्करण - जनवरी, 2026

ISBN : 978-81-976645-9-5

चित्रांकन @अनबाउंड स्क्रिप्ट

प्रकाशक : अनबाउंड स्क्रिप्ट
2/41, अंसारी रोड ,
दरियागंज, दिल्ली - 110002
वेबसाइट : www.unboundscript.com
ई-मेल : books@unboundscript.com
फोन नं. : 011-35807601

HATHI KA BACCHA
by Rudyard Kipling

मुद्रक : एच टी मीडिया लि. ग्रेटर नोएडा, उत्तर प्रदेश

मूल्य : ₹ 125/-